AF267824

Lib 10

(Var M. ... anne, dap
de Mapne)

Erreur

bas Joseph-Jacques de Naylies
d'après Barbès
il est cependant à ANNE (The

de cet ... du f...

RELATION FIDÈLE

DU VOYAGE

DU ROI CHARLES X,

DEPUIS SON DÉPART DE SAINT-CLOUD,

JUSQU'A SON EMBARQUEMENT.

PAR UN GARDE-DU-CORPS.

A PARIS,

CHEZ G.-A. DENTU, IMPRIMEUR-LIBRAIRE,
RUE DU COLOMBIER, N° 21;
et Palais-Royal, galerie d'Orléans, n° 13.

M D CCC XXX.

RELATION FIDÈLE

DU VOYAGE

DU ROI CHARLES X,

DEPUIS SON DÉPART DE SAINT-CLOUD,

JUSQU'A SON EMBARQUEMENT.

———

Les évènemens de Paris n'étant pas connus de l'auteur de cette relation, il se borne à indiquer sommairement ce qu'il en a appris.

L'apparition des ordonnances du 26 juillet occasionna d'abord une stupeur générale, qui se convertit en indignation chez les uns, et en terreur, bien fondée sans doute, chez les autres. Dès la soirée même de cette publication, des groupes nombreux se formèrent, des lanternes furent brisées, et des corps-de-garde détruits.

Le 27, l'effervescence augmenta, et fut portée à son comble vers la fin de la journée. Le peuple chercha des armes; toutes les boutiques d'armuriers et les fusils de la garde nationale lui en fournirent; le sang coula dans les rues de Paris.

Ces nouvelles parvenues à Saint-Cloud, le maréchal duc de Raguse, major-général de la garde de service, reçut l'ordre d'aller prendre le commandement de Paris, qui fut déclaré en état de siége. D'autres relations retraceront les combats sanglans des journées des 28 et 29 juillet, je parlerai seulement de ce que j'ai vu à Saint-Cloud, Trianon, Rambouillet, et dans le voyage jusqu'à Cherbourg.

Le mercredi 28, M. le comte de Girardin, premier veneur, accouru en toute hâte à Saint-Cloud, peignit au roi la situation de Paris, et il faut ajouter qu'il ne se rebuta pas d'une première démarche. S'adjoignant MM. les ducs de Maillé, de Mouchy, de Luxembourg et de Duras, il renouvela plusieurs fois des instances qui ne furent pas accueillies. Après avoir fait trois ou quatre voyages à Paris dans la journée du jeudi, pour apprécier la gravité des évènemens, et transmettre l'exacte vérité, il échoua sans doute encore près du Roi et de M. le dauphin. Les gens qui n'étaient pas initiés en jugèrent ainsi, parce qu'il y avait encore du remède, et que l'on ne fit rien.

L'aspect de Saint-Cloud offrait le contraste le plus frappant avec Paris; ici tout le monde était morne, abattu, incapable de donner un bon conseil; là régnait une activité, une énergie portée jusqu'au fanatisme. Ces salons, qui trois jours auparavant étaient pleins de courtisans et des chefs de l'armée, étaient maintenant silencieux et déserts. On voyait seulement une quinzaine de personnes attachées particulièrement au service du Roi et des Princes, groupées dans le salon de service, attendant avec anxiété les nouvelles de Paris. Au milieu de cette perturbation générale, quelques-uns, esclaves d'une sotte étiquette, avaient le triste avantage de pouvoir veiller à ce que les règles n'en fussent pas violées : semblables à ces Grecs du Bas-Empire qui s'occupaient de questions théologiques, lorsque le bélier des Turcs abbattait les murs de Constantinople. Enfin, il fallait un homme de génie ou de cœur, il ne s'en trouva pas. Au point où en étaient les choses, la monarchie n'en aurait pas été moins anéantie, mais elle pouvait tomber avec quelque gloire....

Des grands appartemens de Saint-Cloud, on voyait flotter le drapeau tricolore sur tous les édifices publics, et la fumée du canon et de la mousqueterie s'élever en nuages au-dessus des maisons de Paris. A ce spectacle se joignaient les sons répétés et lugubres du tocsin, de la générale et des décharges d'artillerie...... C'est dans ces momens que MM. le comte d'Argout, pair de France, et le marquis de Semonville arrivèrent en députation. Ce dernier se jeta aux genoux du Roi, lui peignit la situation de la capitale, lui dit que sa couronne chancelait, et le conjura d'en croire un vieillard qui avait peu de jours devant lui... Alors, on proposa M. de Mortemart pour premier ministre; il devait choisir le conseil, dans lequel entreraient MM. Casimir-Perrier et Laffitte : il était trop tard... Le 30, le maréchal Marmont fut obligé d'évacuer les Tuileries, et de se retirer par les Champs-Elysées et le bois de Boulogne, sur Saint-Cloud, où les ministres arrivèrent dans deux calèches, et presque déguisés, sous l'escorte de deux escadrons de lanciers.

M. le dauphin monta à cheval vers deux heures, et alla au-devant des troupes qui se retiraient de Paris. Il se porta jusque vers le milieu du bois de Boulogne. Le bruit avait couru que le Roi avait abdiqué en sa faveur; il fut accueilli aux cris de *vive le Roi!*.... Cette mesure aurait conservé la couronne à M. le dauphin, si elle avait été prise le 28; il n'était plus temps. Dès lors on ne voulait plus de la branche aînée : aussi refusa-t-on Mgr le duc de Bordeaux, lorsqu'il fut proposé par son grand-père, trois jours après.

A son retour de Paris, M. le duc de Raguse fit un ordre du jour qu'il envoya aux troupes. Il leur disait qu'assez de sang français avait coulé ; qu'on était en pourparlers, et qu'une gratification allait être distribuée. M. le dauphin, comme généralissime, avait donné un ordre qui disait presque tout le contraire. Le maréchal n'avait pas parlé à Son Altesse royale de sa proclamation, en sorte que ce prince, irrité de ce qu'il prenait pour une trahison, reçut fort mal le maréchal. On prétend même qu'il laissa échapper le mot de *traître*, et lui ordonna de rendre son épée. Le maréchal lui répondit avec fierté qu'il ne la rendait jamais, mais qu'on pouvait la prendre. M. le dauphin, en la lui arrachant, se blessa légèrement à la main. Il ordonna qu'on arrêtât le maréchal, et qu'il fût gardé à vue. En effet, six gardes-du-corps et un brigadier le menèrent dans sa chambre, tête nue et sans épée, et y restèrent avec lui. Cependant, la réflexion et des éclaircissemens ayant apporté plus de calme et de lumières dans l'esprit de M. le dauphin, il donna l'ordre d'ôter les gardes-du-corps. Le duc de Luxembourg alla reporter au maréchal son épée et son chapeau, et l'engagea à passer chez le Roi, qui le combla de bontés, et lui fit en quelque sorte des excuses de ce qui venait de se passer, en lui disant qu'il lui rendait toute sa confiance. Le maréchal se rend chez M. le dauphin, qui, en le voyant, lui dit : « Je n'ai jamais été blessé que par vous, monsieur le maréchal. » Celui-ci lui répondit avec noblesse que depuis seize ans qu'il servait le Roi avec fidélité, il n'avait jamais pensé pouvoir blesser Monseigneur. Cette scène si malheureuse eut de fâcheux résultats, en ce que le maréchal ne voulut plus reprendre de commandement, qui resta en entier à M. le dauphin.

Il y eut ce jour-là deux alertes au château de Saint-Cloud ; la première, occasionnée par quelques gens armés de Ville-d'Avray ; la seconde, par la défection d'un régiment, qui, placé à l'entrée du parc, abandonna son bivouac, se dirigeant sur

le pont de Sèvres, après avoir détruit une por-
tion de ses fusils.

Le 31 juillet, le dernier jour de la monarchie
était arrivé. Les troupes, fatiguées d'un combat
de trois jours, mal nourries, sans argent, et ef-
frayées des résultats d'une guerre civile, se débandèrent de toutes parts. Non seulement on
renonça à toute agression, mais on jugea même
qu'on ne pouvait rester à Saint-Cloud sans com-
promettre la sûreté de la famille royale. Le départ fut résolu, et on se mit en mouvement à
une heure du matin, après avoir barricadé et
dépavé le pont de Saint-Cloud. On ne peut se
faire une idée du désordre et de la confusion qui
présidèrent à cette fuite. Des bagages et des chevaux sans nombre, conduits par des gens frappés
de terreur, se précipitaient à toutes les issues, et
arrêtaient la marche et les mouvemens de ce qui
restait de combattans.

La maison du Roi se mit en bataille dans le

parc intérieur, en face du château, et, au point du jour, la famille royale, montant en voiture, vint se placer entre les escadrons des gardes-du-corps.

Il serait difficile d'exprimer le sentiment douloureux dont chacun fut pénétré en voyant ce Roi malheureux, une jeune mère éplorée, et de jeunes enfans, à demi endormis, fuyant une révolution qui, en trois jours, les précipitaient du plus puissant trône de l'univers.

On arriva vers quatre heures à Ville-d'Avray. Déjà on avait enlevé dans ce village les insignes de la monarchie, et le mot *royal,* employé à divers établissemens, avait totalement disparu. A cinq heures, le Roi entrait à Versailles, et longeant les boulevards de la Reine, se rendit à Trianon.

Cependant, M. le dauphin était resté à Saint-Cloud avec quelques troupes qui gardaient les

approches du pont. Des paysans armés de Boulogne, d'Auteuil et des environs, vinrent tirailler,
vers les neuf heures du matin, sur les bords de
la rive droite de la Seine. M. le dauphin s'y
porta; mais le départ du Roi était déjà connu à
Paris, d'où on envoya des forces qui se portèrent
vers le pont de Sèvres, qui fut abandonné. Il
était alors aisé de couper la communication entre
Saint-Cloud et Versailles; déjà les tirailleurs parisiens faisaient entendre leurs feux dans Sèvres
et jusque dans le parc de Saint-Cloud. C'est là
que fut blessé le duc d'Esclignac, lieutenant-colonel des lanciers de la garde, excellent officier,
couvert de blessures, aimé et estimé de toute
l'armée.

M. le dauphin ayant l'intention de tenir à
Saint-Cloud, avait conseillé au Roi de ne pas
quitter Trianon. Obligé de battre en retraite, par
ce mouvement des Parisiens, il arriva à Trianon
à midi. Tous les avis annonçaient au Roi que
l'insurrection se propageait, et que tout le pays

prenait les armes. On se décida à gagner Rambouillet. Des coups de fusil partis des faubourgs de Versailles, et quelques balles tombées jusque dans les allées de Trianon, hâtèrent ce mouvement. Dès le 29, la population de Versailles s'était soulevée, et avait pillé les hôtels des gardes-du-corps et les casernes de la garde. Plusieurs gardes-du-corps restés au dépôt de leur compagnie, ne durent la vie qu'à l'intervention de la garde nationale, dont la conduite fut admirable. Les habitans craignaient qu'usant de représailles, les troupes du Roi ne leur fissent payer leur déloyauté envers des hôtes qui, depuis quinze ans, se regardaient comme membres de la cité. Aussi refusèrent-ils l'entrée de leur ville au général Vincent, qui s'y présenta le 30 avec quelques escadrons de cavalerie. Le général Bordesoulle s'y porta dans la soirée avec de l'artillerie et quinze cents chevaux. Après des pourparlers et l'assurance qu'il n'entrerait pas de gardes-du-corps dans la ville, Versailles fut occupé, et le Roi y put passer dans la matinée du 31.

En partant de Trianon, on tourna le parc de Versailles, et l'on gagna la route de Rambouillet, sous les murs de Saint-Cyr. Les élèves de cette École venaient d'y rentrer. Appelés à Saint-Cloud dans la journée du 29, ils s'étaient fait admirer par leur tenue, leurs sentimens et leur bonne conduite. Ils offrirent tous leurs services : le Roi voulut qu'ils restassent, et les remercia de leur zèle et de leur dévouement.

Le Roi entra à Rambouillet à neuf heures du soir; à huit heures, on ignorait encore son arrivée. On peut juger du désordre qu'entraîna l'établissement de la cour, mais surtout de la suite.

La maison militaire du Roi fut placée au bivouac dans les jardins anglais qui entourent le château; les troupes de la garde et l'artillerie dans le parc et sur les hauteurs qui dominent Rambouillet, juqu'au village du Perey, qui fut occupé militairement.

Comme je ne veux parler que de choses entièrement à ma connaissance, je ne dirai rien de
la marche si rapide des évènemens de Paris, qui
amenèrent M. le duc d'Orléans à la lieutenance-
générale du royaume. La lettre du Roi à ce
prince, qui le nomme à cette haute fonction, et
la réponse que l'on prêtait à Son Altesse royale,
étaient, au château et dans les bivouacs, l'objet
de toutes les conversations. Il déclarait, dit-on,
que, pour ramener la paix, il acceptait la grande
mission qui lui était confiée; mais qu'il ne voulait pas du trône, qui n'avait jamais été l'objet
de son ambition. Le Roi, accablé sous le poids
de tant d'infortunes, abdiqua sans regret; M. le
dauphin, désabusé et comme anéanti, depuis
quelques jours, par la noire ingratitude de cer-
taines gens qu'il avait comblés..., devint inacces-
sible à tout autre sentiment qu'à la piété, et il
mit aux pieds de la croix ses droits à cette belle
couronne de France. M. le duc de Bordeaux fut
dès lors regardé comme Roi; mais on ne lui en
donna pas le titre. Son grand-père voulut qu'il

apprît le grand changement qui venait de s'opérer, par le baron de Damas, son gouverneur : celui-ci prend avec tendresse et respect son royal élève sur ses genoux, lui parle de l'état de la France, des malheurs du Roi, et du sacrifice qu'il fait pour rendre la tranquillité et le calme à ses sujets, lui apprend qu'il est Roi enfin, et obligé de travailler sans cesse à devenir un bon et grand prince. Profondément ému, M. le duc de Bordeaux verse un torrent de larmes, embrasse son gouverneur, et lui demande à aller voir son grand-père. Il passe toute la journée sans se livrer à ses jeux ordinaires ; et lorsqu'il voit le Roi, il se jette dans ses bras, lui baise les mains, qu'il arrose de larmes, et écoute avec recueillement les exhortations de son aïeul. Le même soir, lorsque le maréchal de service et le capitaine des gardes se présentèrent au Roi pour recevoir l'ordre, il les renvoya à M. le duc de Bordeaux, qui le donna.

Cependant, Mme la dauphine, qui était aux

eaux de Vichy, depuis le commencement du mois, venait d'arriver à Rambouillet. A sa vue, les troupes de la garde et de la maison du Roi font éclater la plus vive allégresse, car mille bruits sinistres avaient circulé. Les gardes-du-corps, quittant leur bivouac, accourent à sa rencontre; en un instant, sa voiture est entourée; ils s'écrient : *Vive notre dauphine ! vive notre bonne mère !* Cette princesse avait toujours affectionné le corps, et un garde malheureux ne lui avait jamais demandé en vain. Vivement émue, elle donnait ses mains à baiser à ces jeunes gens, dont la tenue contrastait singulièrement avec l'étiquette qui accompagne toujours une princesse : la plupart ne prirent pas le temps de passer leur habit; plusieurs vinrent la barbe à moitié faite, ou les bras nus, occupés qu'ils étaient à panser leurs chevaux, ou à faire la cuisine. Mme la dauphine donnait ses mains à tous. L'étiquette, le bivouac et le malheur ne vont pas ensemble.

C'est à Dijon que cette princesse apprit les évènemens de Paris. Semblable à l'étincelle électrique, la commotion se fit ressentir aussitôt dans toute la Bourgogne ; des groupes nombreux agitèrent la ville. Madame persista, cependant, à aller au théâtre, et elle y resta malgré les cris tumultueux des spectateurs. Les officiers du 11ᵉ régiment de chasseurs l'entourèrent à sa sortie, et la ramenèrent chez elle. Partie dans la nuit, elle arriva à Tonnerre ; là, elle et les trois personnes qui l'accompagnaient (MM. de Conflans et de Faucigny, et Mᵐᵉ de Saint-Maure) prirent des vêtemens de voyageurs les plus modestes : ils arrivèrent ainsi à Fontainebleau, où déjà flottait le drapeau tricolore. La sûreté de la princesse pouvait être compromise dans cette ville ; elle brûlait, d'ailleurs, du désir de voir le Roi. Les ordres du départ furent donnés pour neuf heures du soir. Alors une voiture, dans laquelle étaient les femmes de son service, se dirigea sur Orléans, sous l'escorte de la gendarmerie. Toute la ville crut voir partir Mme la dauphine, qui, plus tard, s'achemina vers Paris, sans autre précaution que le plus sévère incognito. Arrivée à la Belle-Epine, sa voiture prit la route de Choisy à Versailles. A la croix de Bernis, l'illustre voyageuse apprit tous les malheurs de Paris, l'évacuation de Saint-Cloud, et l'occupation de Versailles par les Parisiens; elle n'en persista pas moins à passer par cette ville, ordonna même, repoussant les avis de ceux qui l'entouraient, qu'on partît sur le champ. A l'entrée de Versailles, sa voiture fut entourée par une multitude armée, qui faisait entendre les cris de *vive la Charte ! vive la liberté !* L'officier des gardes-du-corps, aussi brave que dévoué, et dont le zèle avait déjà rendu tant de services à Mme la dauphine, placé sur le siége, agitait son chapeau, et unissait sa voix à celle du peuple, qui était bien loin de se douter que son délire perçait un illustre cœur. Madame ne s'arrêta pas à la poste, et, avec les mêmes chevaux, atteignit le premier relais sur la route de Rambouillet.

Le jour même de l'abdication du Roi, ce prince, suivi de sa famille, parcourut tous les bivouacs. Il fut accueilli comme il ne l'avait jamais été dans la prospérité; car l'étiquette et la discipline interdisaient alors la manifestation de nos sentimens. Ce jour-là, des cris mille fois répétés de *vive le Roi!* et l'expression bruyante de notre émotion et de notre dévouement, devinrent pour lui une consolation au milieu de tant d'infortunes.

Depuis trois jours, les évènemens avaient rapidement marché. La révolution était consommée; toutes les propositions, tous les sacrifices du Roi étaient faits vingt-quatre heures trop tard. Le dernier de tous, celui qui avait coûté tant de larmes à cette malheureuse famille, sa séparation de M. le duc de Bordeaux, venait d'être aussi dédaigneusement repoussé. Il ne lui restait plus que la résignation aux décrets de la Providence.

Tout le monde sait qu'aucune réunion de

troupes n'avait été ordonnée, aucun approvision-
nement fait. Le ministère, pris au dépourvu, se
hâta de faire venir des troupes à marches forcées
sur la capitale. Les régimens arrivant aux barrières, les trouvant fermées, et recevant des
coups de fusil, erraient à l'aventure autour de
Paris, sans ordres, sans vivres, sans solde. Plusieurs, après avoir passé la Seine, parvinrent à
se réunir au maréchal Marmont, ou à gagner
Saint-Cloud. Mais ces troupes agglomérées, fatiguées d'une longue route, et placées au bivouac
sans nourriture, furent promptement démorali-
sées. La désertion commença ; elle fut encoura-
gée par les envoyés des Parisiens, qui promet-
taient des vivres et de l'argent. Alors des compagnies entières se débandèrent en détruisant
leurs fusils. La retraite vers Rambouillet ajouta
à nos pertes. Pour comble d'infortune, le Roi
n'avait pas d'argent ; tous les moyens réunis de
la famille royale n'allaient pas à cent mille francs,
et encore en billets. Toutes les bourses se fer-
maient, tous les dévouemens se taisaient. Enfin

on mit de l'argenterie en gage, et on put avoir de la farine. Des boulangers pris dans les régimens faisaient du pain, mais il était enlevé à demi-cuit par des malheureux qui n'en avaient pas eu depuis trois jours. La viande, le vin, le fourrage étaient aussi rares, et l'on mourait de faim aux portes de la capitale, et dans la province la plus fertile de France.

Au milieu de ce chaos, de cette impéritie, de cette espèce de stupeur qui absorbait toutes les facultés, parut un homme qui fut la providence de l'armée. Seul membre de l'intendance qui fût parmi nous, il se multiplia pour faire le bien ; et si l'on eut quelques distributions de vivres, et plus tard la solde, on le dut à son zèle et à son dévouement. Plusieurs fois, en vingt jours, sa vie fut en péril ; il la conserva par son courage et son sang-froid. Le Roi Charles le remercia avec attendrissement. Il conquit l'estime de MM. les commissaires du gouvernement, et il n'est pas un soldat ou un garde-du-corps qui ne bénisse le nom du sous-intendant-militaire Weyler de Navas.

Le village du Perey, placé sur la route de Paris à Rambouillet, et à une lieue et demie de cette ville, était occupé par un régiment, qui crut pouvoir l'abandonner, et se replier à une demi-lieue de Rambouillet. Cette faute compromettait notre position. On agita si l'on irait s'établir de nouveau dans ce village, où venaient d'entrer quelques hommes armés. Mais comme des envoyés du Roi et du gouvernement établi à Paris allaient sans cesse d'une ville à l'autre, on ne voulut donner prétexte à aucune hostilité, et le village resta à une vingtaine de paysans armés, qui tuèrent ce jour-là, le 3 août, le colonel Lainé, autrefois lieutenant-colonel de la gendarmerie de Paris, qui sortait de Rambouillet. C'est en avant de ce village, vers nos avant-postes, que fut blessé un officier supérieur attaché au général Lafayette. Dans la matinée du même jour, le Roi refusa de recevoir une députation de pairs et de députés envoyés par le nouveau gouvernement. Mais le soir, vers sept heures, une estafette apporta des dépêches qui annonçaient les nouvelles les plus sinistres, et l'arrivée de trois commissaires, MM. le maréchal Maison pour la Chambre des pairs, de Schonen pour celle des députés, et Odillon-Barrot, représentant la garde nationale.

Cette députation arriva aux avant-postes à huit heures du soir, demandant si elle serait reçue avec les couleurs qu'elle portait. Sur l'assurance qui lui en fut donnée, elle entra dans Rambouillet.

Introduits chez le Roi, ces messieurs lui peignirent la gravité du péril, en lui annonçant qu'environ quinze mille hommes armés, montés dans les fiacres et les voitures de Paris, s'acheminaient vers Rambouillet, pour le forcer à quitter le royaume; qu'ils avaient peu d'heures devant eux, et qu'il n'y avait pas de temps à perdre. Le Roi avait déjà vu que tout espoir était détruit, et qu'il fallait se soumettre à la rigueur du destin. L'ordre du départ fut donné à neuf heures; et dix mille hommes armés, et encore pleins de bonne volonté, partent sous la protection de trois hommes sans armes, tant une révolution change étrangement la nature des choses!

Les Parisiens, arrivés à dix heures du soir, entrèrent à Rambouillet vers minuit. Nous en étions déjà loin, sur la route de Maintenon, où le Roi descendit chez le duc de Noailles, à trois heures du matin.

Le 4 août, les troupes de la garde avaient suivi le mouvement vers Maintenon. C'est dans cette ville qu'elles restèrent, car le Roi ne put conserver que ses quatre compagnies de gardes-du-corps, et deux pièces d'artillerie. A neuf heures du matin, se dirigeant vers Dreux, le Roi trouva en bataille toutes les troupes de sa garde, qui, bordant la route, lui rendirent les derniers honneurs. Les adieux de ces braves soldats furent touchans ; l'on vit plusieurs officiers briser leurs épées, entourer la voiture du Roi, et lui jurer qu'ils ne serviraient que lui. Les colonels remirent leurs drapeaux, et cette belle garde cessa d'exister.

Débarrassée de beaucoup de voitures et de l'infanterie, l'escorte du Roi, réduite à huit cents chevaux de sa maison, marcha plus rapidement. Elle arriva à trois heures en vue de Dreux, où nous vîmes flotter le drapeau tricolore. La garde nationale de cette ville voulait d'abord s'opposer à notre passage ; mille contes absurdes l'avaient irritée : aussi fallut-il de longs pourparlers et l'intervention de MM. les commissaires. Enfin nous pûmes entrer. Les rues étaient bordées de gardes nationaux armés, tous parés de rubans et de cocardes tricolores. C'était la première fois que notre vue était frappée d'un spectacle si nouveau : aussi nous fit-il éprouver un sentiment difficile à décrire. Nous sentîmes toute la délicatesse de notre position, et que la sûreté du Roi pouvait être compromise par une imprudence. Il était aisé de voir que le Roi était prisonnier, et que nous étions une garde d'honneur.

Certes, les gardes-du-corps auraient tous sacrifié leur vie pour défendre le Roi; mais que pouvaient-ils faire, obligés de passer dans des villes populeuses et manufacturières, escortant plusieurs voitures, qu'une simple barricade eût pu arrêter!

La garde nationale présenta les armes, et battit aux champs à l'approche du Roi.

Les gardes-du-corps bivouaquèrent sur les promenades de Dreux.

Le 5 août, l'escorte arriva à Verneuil; les bivouacs furent établis dans le voisinage de la maison qu'occupait le Roi.

Le 6, après une journée très-pénible, à cause de la grande chaleur, nous arrivâmes dans la petite ville de Laigle. La population de cette ville manufacturière avait saisi avidement les premières nouvelles de Paris, et là aussi il y aurait eu des réactions, si les notables, quoique partisans zélés de cette révolution, ne s'étaient mis à la tête du mouvement. Une garde nationale organisée à la hâte occupa les divers postes de la ville, et une proclamation des autorités enjoignit le plus grand calme. Toute espèce de cri fut interdit. Là, comme à Dreux, comme à Verneuil, la foule pressée, impassible, laissait à peine libre un étroit passage pour nos chevaux.

On apercevait peu de visages amis, mais aucune parole injurieuse ne se fit entendre. Quelques femmes aux fenêtres témoignaient par leurs pleurs les sentimens pénibles qui les agitaient. La multitude n'insultait pas à leur douleur, comme si elle eût voulu faire parade d'une espèce de générosité.

Les gardes nationaux de Laigle portèrent les armes à la vue du Roi; nous leur rendîmes les honneurs militaires.

Le 7, la colonne quitta Laigle de bonne heure

se dirigeant vers le Melleraut : la chaleur était accablante ; depuis quelques jours elle devenait insupportable encore par des nuages de poussière produits par mille chevaux et une multitude de voitures marchant pressés sur un petit espace.

Souvent la famille royale quittait ses voitures, le Roi et M. le dauphin montaient à cheval, les princesses et les enfans allaient à pied. Ce jour-là, Mme la dauphine, accompagnée de Mme de Saint-Maure, fit au moins deux lieues, longeant la colonne, parlant aux gardes-du-corps, et louant leur zèle et leur admirable conduite ; elle s'entretenait aussi avec les paysans, qui étaient loin de reconnaître la fille de tant de Rois dans la femme si simplement vêtue, couverte de poussière, et qui leur demandait un verre d'eau pour se désaltérer. Cette princesse traversa ainsi deux villages dans lesquels on venait de planter, peu d'heures avant, des arbres de la liberté. Ces images devaient lui rappeler des souvenirs bien déchirans; mais la grande âme de l'héroïne du malheur n'était pas accablée, et on ne lisait sur son noble front que la résignation aux décrets du Tout-Puissant. On arriva au Melleraut, gros bourg, dont les beaux herbages produisent les meilleurs chevaux de la Normandie. Trois compagnies des gardes bivouaquèrent dans des vergers, qui auraient été bien préférables aux habitations, si des torrens de pluie tombant toute la nuit, n'eussent fait regretter la plus modeste cabane.

Le Roi logea au Melleraut, chez un ancien garde-du-corps, M. de Laroque. Sa maison était bien petite pour recevoir toute la famille royale. Mme la duchesse d Berri, logée fort étroitement, vint passer plusieurs heures au bivouac des gardes-du-corps, avec MADEMOISELLE; et ces deux princesses, assises sur l'herbe, cousaient elles-même des vêtemens dont elles manquaient, par suite de la précipitation du départ de Saint-Cloud.

Le 8, de bonne heure, nous partîmes par une

pluie affreuse, et nous arrivâmes à Argentan.

La garde nationale était organisée, comme dans plusieurs villes où nous étions passés; elle ne rendit pas les honneurs militaires. La ville fut très-calme; une ordonnance du maire prescrivait cette modération. Les habitans reçurent fort bien la maison du Roi, les uns par sentiment, les autres touchés sans doute de son noble dévouement. Le Roi séjourna le 9 : on donna, pour la première fois, un peu d'argent aux gardes-du-corps. Une estaffette nous apprit que les Chambres avaient reconnu et proclamé roi le duc d'Orléans, sous le nom de *Philippe Ier*.

Le 10, le Roi se dirigea sur Condé-sur-Noireau, passant par Guibray et Falaise, où l'on ne s'arrêta pas. C'est dans cette dernière ville que nous joignirent MM. de la Pommeraye, député, et le cololonel Chatry-Lafosse, envoyés par la ville de Caen. Les gens de cette province, attachés à la nouvelle révolution, voyaient avec peine, aussi bien que le gouvernement lui-même, se prolonger le voyage du Roi. Ils auraient voulu déjà qu'il fût hors du royaume. MM. les commissaires lui proposèrent de passer par Caen, l'assurant de la tranquillité et du calme de ses habitans : on voulait par ce moyen éloigner la famille royale des frontières de la Bretagne, que nous longions, et faire embarquer le Roi à Granville, ou dans un port voisin. Sa Majesté refusa cette proposition, et poursuivit sa route sur Condé. Cette petite ville, entièrement peuplée de manufacturiers et d'ouvriers, était très-attachée aux principes du parti victorieux. La suite du Roi fut individuellement bien reçue; mais à l'entrée du Roi et de sa maison militaire, la garde nationale ne rendit aucun honneur militaire; le peuple était tellement monté contre le ministère, que le nom de *Polignac* était l'épithète la plus injurieuse qu'on pût donner. La vue du maréchal Marmont occasionna aussi une grande fermentation. Des gardes nationaux des communes voisines, au nombre de plusieurs centaines, voulaient faire une tentative pour l'enlever la nuit dans son logement. Le maréchal Maison, qui l'apprit, sauva ce maréchal, en dispersant ce rassemblement. Dès lors, le duc de Raguse ôta ses plaques, ne conserva que celle du Saint-Esprit, et logea dans la maison qu'occupait le Roi.

Le 11, le Roi quitta Condé, où il avait logé chez un protestant qui avait la meilleure maison de la ville. Nous prîmes la route de Vire. Ses environs, comme une partie du Calvados, avaient été ravagés par les incendies d'avril et de mai. Les deux partis s'accusaient mutuellement de ces affreux désastres. Cependant, toutes les investigations et les recherches les plus exactes de la justice n'avaient pu faire découvrir les coupables. Mais, depuis la chute du pouvoir royal, une femme, qui, disait-on, n'avait rien voulu dire jusqu'alors, prétendit qu'elle avait mis le feu, à l'instigation d'un curé qu'elle nomma. Bientôt la rumeur publique désigna le ministère, et les noms de *Polignac* et d'*incendiaire* devinrent synonymes.

A Vire, mon hôte me cita le trait suivant d'un

curé du voisinage : il prouve que les Normands savent allier la présence d'esprit à une grande prudence. Le dimanche qui suivit l'abdication du Roi et qui précéda l'avènement du duc d'Or-léans, ce curé chantant comme à l'ordinaire le *Domine salvum fac,* s'arrêta court avant de pro-noncer le mot *regem.* Après quelques instans d'hésitation, il s'empressa de s'écrier : *le gouver-ment provisoire.* Bien des fidèles furent scanda-lisés, d'autres en rirent, et la plupart ne com-prirent rien à cette innovation.

Le Roi n'avait pas voulu passer par Caen ; mais il fut obligé de céder aux instances qui lui fu-rent faites de presser sa marche. Deux régimens d'infanterie venus de cette ville et de Bayeux, bivouaquaient à un quart de lieue de la route que nous parcourions. Ils avaient été placés près de l'embranchement de la route de Caen à Cher-bourg, soit pour protéger le voyage du Roi, soit pour l'accélérer. Ils restèrent inaperçus ; mais des officiers qui vinrent nous voir passer nous ap-prirent ces particularités.

Après une forte journée, nous arrivâmes à Saint-Lô, passant par Thorigny, où l'on aperçoit les restes d'un beau château appartenant au prince de Monaco. Sa Majesté alla loger à la préfecture, dont le préfet, M. d'Estourmel, qui avait déjà fait ses adieux à son département, lui fit les honneurs de la manière la plus touchante. La famille royale fut logée commodément dans cet hôtel; mais que de souvenirs déchirans durent accabler le cœur du dauphin et de la dauphine, qui, l'un et l'autre, avaient fait un voyage à Cherbourg en 1828 et 1829! Alors la foule faisait retentir l'air de cris de joie et de bénédictions; l'allégresse et le bonheur étaient peints sur tous les visages, et le drapeau blanc flottait partout. Maintenant la même foule, empressée, mais silencieuse, à l'œil dédaigneux ou menaçant, montrait une avide curiosité, qu'une grande infortune ne retenait pas toujours dans les bornes. Quelques cris, fort rares il est vrai, vinrent aussi ajouter au contraste; mais la sagesse des habitans honnêtes et de l'autorité en firent prompte justice. Mme la dauphine s'écria plusieurs fois : « Ah ! mon Dieu ! quelle différence ! » Des larmes roulaient dans ses yeux ; mais bientôt les levant au Ciel, elle lui offrait encore l'amertume de ce spectacle.

Peu de temps après l'arrivée du Roi, MM. les commissaires se rendirent chez Sa Majesté, et y restèrent assez long-temps. Leur attitude et leurs manières, toujours très-convenables, avaient dans ce moment un air d'empressement et d'intérêt qui n'échappa à personne. On apprit bientôt qu'un rassemblement de gardes nationales armées, d'environ six à sept mille hommes, occupait la petite ville de Carentan avec du canon, et que leur intention était de s'opposer à notre entrée dans la presqu'île du Cotentin. On avait répandu le bruit que le Roi, suivi de vingt mille Suisses et de quarante pièces de canon, voulait s'établir dans la presqu'île, garder Carentan, qui en est la clef, et s'enfermer dans Cherbourg, qui serait devenu le siége du gouvernement. La malveillance, ou un zèle trop ardent pour le nouvel ordre de choses, avait fait naître et propager ces contes ridicules. Les gardes nationales de Saint-Lô et des environs avaient reçu, dit-on, l'ordre d'aller grossir le rassemblement. Une grande quantité d'armes et de munitions, aperçues dans diverses maisons de Saint-Lô, nous confirma cette nouvelle. L'arrivée des huit escadrons de la maison militaire du Roi (qui seuls formaient son escorte) fit évanouir le fantôme, et les habitans de Saint-Lô eurent le bon esprit de rester chez eux.

MM. les commissaires écrivirent plusieurs fois, et se portèrent eux-mêmes dans la nuit sur Carentan, où ils dissipèrent cet attroupement. Ce ne fut pas sans peine; car on avait employé tous les moyens pour irriter cette foule, et on y avait réussi bien au-delà de ce que voulaient les meneurs eux-mêmes. Nous vîmes sur toute la route les gardes nationaux rentrant chez eux par petits détachemens : ils étaient fort mécontens qu'on leur eût fait faire tant de chemin si mal à propos. L'idée de former un noyau royaliste, de se lier à la Bretagne et d'ouvrir aux Anglais le port de Cherbourg, n'était venu à personne. Il aurait fallu un homme de tête et de résolution : il manquait.

J'ajouterai que tous ceux qui suivaient le Roi se seraient fait tuer pour défendre ses jours; mais on en aurait compté un bien petit nombre qui auraient introduit les Anglais dans le royaume.

Le Roi ne fit que passer à Carentan; il s'arrêta une heure à Saint-Cosme, gros village en avant des Ponts-d'Ouves, sur la route de Valognes, et de l'autre côté des Quatre-Rivières, ou cours d'eau, barrières qui défendent l'entrée de la presqu'île.

Nous passâmes à Montebourg, gros village peu éloigné de la mer : ses habitans furent plus démonstratifs, ou avaient pour la famille royale plus d'attachement que ceux des autres villages de la

route. Leur curiosité était bienveillante et res-
pectueuse ; ils entouraient la voiture de M. le
duc de Bordeaux, lui offraient leurs vœux, lui
demandaient ses mains à baiser, et plusieurs s'é-
criaient fondant en larmes : « On nous a bien
défendu de vous témoigner de l'intérêt ; mais
c'est égal : *Vive le duc de Bordeaux!* revenez
bientôt. »

Le Roi, arrivé à Valognes, logea chez M. Du-
ménildot, gentilhomme normand dont les aïeux
accueillirent, dans le château de Quenneville,
près de la Hogue, le roi Jacques, qui, du haut
d'une tour, regardait l'issue d'un combat dont
dépendáit sa couronne. C'est là qu'il s'écria,
voyant l'opiniâtreté du combat : « Comme ils se
battent bien, *mes braves Anglais !* »

M. le duc de Berry, lorsqu'on lui annonça à
Alost le résultat de la bataille de Waterloo, s'é-
cria d'un air d'intérêt : *Les Français se sont-ils*

bien battus, au moins ? tant est grand dans un cœur généreux l'amour de la patrie!

Les huit escadrons de la maison du Roi furent mis au bivouac sur les promenades de Valognes. Des torrens de pluie inondant le sol et pénétrant les vêtemens des hommes et les harnachemens des chevaux, rendirent en peu cette position intolérable. Depuis Rambouillet, ce corps, peu fait à ce genre de vie, avait supporté sans se plaindre toutes sortes de privations. L'on vit des jeunes gens habitués aux charmes de la société, au luxe et aux douceurs de Paris, bivouaquer quinze jours de suite à la pluie, et, après une journée fatigante, obligés d'aller chercher au loin le fourrage pour leurs chevaux, les soigner et les panser eux-mêmes. Le dévouement et la fidélité faisaient ce qu'en d'autres temps aucune considération n'aurait obtenu.

Si la constitution de ce corps laissait quelque chose à désirer pour le mettre en harmonie avec les autres troupes françaises, on put apprécier, dans cette occasion, ce que peuvent l'honneur et le devoir sur un corps d'élite dont les membres, pour la plupart, avaient été choisis parmi les sous-officiers et les officiers de l'armée.

Objets de l'admiration et de l'estime de leurs amis et de leurs adversaires, ils ne transigèrent pas avec leur conscience, mais ils ne heurtèrent l'opinion de personne. Ils furent bien reçus partout individuellement. Souvent les habitans d'une ville, décorés de rubans et de cocardes tricolores, allèrent au bivouac chercher les gardes-du-corps, les amener chez eux et les traiter en frères. Ce mélange des couleurs nationales et d'uniformes de gardes-du-corps, cette espèce de fraternité entre des gens si divisés d'opinion en apparence, faisaient quelquefois douter si ce spectacle n'était pas l'effet d'un rêve. Les habitans de Valognes ajoutèrent toutes sortes d'égards à l'hospitalité qu'ils nous donnnèrent, et chacun de nous en conservera le souvenir.

Deux navires américans, le *Great-Britain* et le *Charles-Caroll*, appartenant, dit-on, à Joseph Buonaparte, étaient au Havre lors des évènemens de juillet. Ils furent frétés pour emmener la famille royale hors du royaume. Ils étaient déjà rendus à Cherbourg depuis quelques jours, où ils avaient été abondamment approvisionnés, même pour un voyage de long cours.

Le Roi décida qu'il se rendrait à Cherbourg le 16. Ce repos était bien nécessaire pour les hommes et les chevaux : on en profita pour faire faire les réparations les plus urgentes à la chaussure et aux vêtemens; car, partis à la hâte de Saint-Cloud, chacun n'avait que ce qui le couvrait.

Le 15, ce jour jadis si solennel par l'anniversaire du vœu de Louis XIII, ce jour où le Roi se rendait à la procession de Notre-Dame avec toute la pompe de la Cour, il le passait enfermé dans une petite ville au fond de la Normandie, abandonné de ses sujets, n'ayant avec lui qu'un petit nombre de serviteurs fidèles; et le lendemain devait lui voir quitter pour la troisième fois] terre qui l'avait vu naître !...

Les compagnies des gardes-du-corps avaient conservé leurs étendards. Le Roi fit dire qu'il les reprendrait. Tous les officiers et les vingt-quatre plus anciens gardes-du-corps par compagnie, formant un escadron, marchant par quatre, les trompettes en tête, les quatre étendards sur la même ligne, s'acheminèrent en silence, la douleur peinte sur leurs visages, vers la demeure du Roi. Ce prince était entouré de la famille royale, dont l'aspect annonçait la plus vive douleur, mais sentie différemment sans doute. Le Roi était profondément ému; Mme la dauphine fondait en larmes; M. le dauphin paraissait résigné; MADAME, duchesse de Berri, calme, comme si elle lisait dans l'avenir; M. le duc de Bordeaux et MADEMOISELLE affectueux pour ceux qu'ils reconnaissaient.

Le Roi prit les étendards, embrassa les officiers qui les portaient, et dit avec la plus vive émotion : « Je reprends vos drapeaux; ils sont « sans tache : mon petit-fils vous les rendra. Je « vous remercie de votre dévouement, de votre « fidélité et de votre sagesse. Je n'oublierai jamais « mais les preuves d'attachement que vous m'a- « vez données, ainsi qu'à ma famille. Adieu! « soyez heureux. » Il donna ses mains à baiser; Mme la dauphine et MADAME imitent son exemple; et cette scène si touchante se prolonge jusqu'à un dernier adieu que donne encore le Roi.

La gendarmerie d'élite, ce corps si beau, si admirablement tenu, si dévoué, vient aussi recevoir les adieux du Roi. Après lui, les officiers sans troupes furent admis auprès de Sa Majesté, dont le cœur dut être déchiré par de telles émotions si prolongées.

Le 16, à neuf heures du matin, le Roi quitta Valognes, escorté de sept escadrons de gardes-du-corps, pour se rendre à Cherbourg, qui en est éloigné de cinq lieues.

La pointe faite sur Carentan par la garde nationale de Cherbourg, trois jours avant, ne faisait pas préjuger des dispositions favorables des habitans. Aussi reçurent-ils fort mal deux officiers-généraux portant la cocarde blanche, qui avaient précédé le Roi de quelques heures, et furent contraints de rétrograder, et d'attendre l'arrivée de l'escorte. La garde nationale, couverte de rubans aux trois couleurs, reçut le Roi et les troupes du cortége, l'arme au pied, et sans rendre aucun honneur militaire; aucun salut ne fut fait par les vaisseaux du port, pavoisés des couleurs nationales. Les habitans paraissaient moins bien disposés que ceux des autres villes; quelques cris de *vive la liberté! vive la Charte!* se firent entendre autour de la voiture du Roi. Nous traversâmes rapidement la ville, les chantiers de la marine, et nous entrâmes dans le port militaire. Nous aperçûmes encore en construction un vaisseau à trois ponts, deux fois appelé le *Roi-de-Rome :* il portait actuellement le nom de *Duc-de-Bordeaux*.

La famille royale sortit de voiture, et, passant sur un pont couvert d'une étoffe bleue, entra dans le paquebot *Great-Britain*. Le Roi descendit le premier ; M. le dauphin donnait la main à M. le duc de Bordeaux ; Mme de Gontaut conduisait MADEMOISELLE ; MADAME, duchesse de Berri, donnait le bras à M. de Charrette, et Mme la dauphine à M. de Larochejaquelein. Le préfet maritime présenta à Sa Majesté le capitaine Dumont-Durville, qui commandait le bâtiment. Celui-ci dit au Roi qu'il le conduirait partout où il le désirerait ; il le répéta plusieurs fois. Le Roi dit qu'il voulait aller d'abord à Spithead, dans l'île de Whigt, en face de Portsmouth. Après avoir fait les derniers adieux à quelques officiers qui étaient descendus dans le vaisseau, la famille royale entra dans la chambre qui lui était destinée. Il y avait à bord du *Great-*

Britain toute la famille royale, le duc de Luxem-bourg, capitaine des gardes de service, le duc de Raguse, le gouverneur, sous-gouverneur, et sous-précepteur de M. le duc de Bordeaux, Mme la duchesse de Gontaut, et le service particulier de la famille royale ; dans *le Charles-Caroll,* qui portait une partie des approvisionnemens, le duc Armand de Polignac, MM. Oheguerty père et fils, Mme de Bouillé et son fils, un sous-gouverneur de M. le duc de Bordeaux, MM. de Choiseul, de Charrette et de Larochejaquelein.

Pendant l'embarquement et les apprêts du départ, la foule curieuse bordait la jetée ; elle fut calme, et on n'entendit aucun cri. MM. les commissaires allèrent prendre congé du Roi, et restèrent ensuite sur la jetée, jusqu'à ce que le vaisseau, déployant ses voiles, appareilla et sortit du port, remorqué par un bateau à vapeur. Il était alors deux heures et un quart. Pendant ce temps, les sept escadrons de gardes-du-corps étaient restés en bataille en face des vaisseaux. Dès qu'ils furent sortis du port, ils rompirent par quatre pour gagner la ville, la traverser et rentrer à Valognes. La multitude, contenue sans doute par le respect qu'inspire toujours une grande infortune, et par la vue de cette famille malheureuse, forcée de quitter sa patrie, devint bruyante et tumultueuse ; des cris partis de plusieurs groupes (il faut s'empresser de dire qu'ils étaient proférés par des mousses et des enfans de douze à quatorze ans), nous firent entendre *vive la liberté ! vive la Charte ! à bas la cocarde blanche ! à la mer les gardes-du-corps !* Les habitans ne prirent aucune part à ces vociférations, qui, méprisées par tout le monde, n'obtinrent pas un mot de réponse. Les 12ᵉ et 64ᵉ régimens d'infanterie, en garnison dans la ville, étaient consignés ; on apercevait les soldats à toutes les fenêtres de la caserne, qui est dans l'intérieur des chantiers : seulement, quelques postes extérieurs bordaient la route ; leur attitude fut fort bien, et MM. les officiers très-polis. Ces troupes se mirent au port d'armes devant les gardes-du-corps, et en reçurent le même salut. Des ordres avaient été donnés, sans doute ; car il est impossible que ce soit le hasard. Dans presqu'aucune ville où nous passâmes, on ne rendit les honneurs militaires ni au Roi ni aux troupes qui l'accompagnaient. Rentrés à Valognes, on remit à chaque garde-du-corps, de la part du roi Charles, l'ordre suivant :

ORDRE DU JOUR.

« Le Roi, en quittant le sol français, voudrait pou-
« voir donner à chacun de ses gardes-du-corps et à
« chacun de MM. les officiers, sous-officiers et sol-
« dats qui l'ont accompagné jusqu'à son vaisseau,
« une preuve de son attachement et de son souve-
« nir ; mais les circonstances qui affligent le Roi ne
« lui laissent pas la possibilité d'écouter le vœu
« de son cœur. Privée des moyens de reconnaître
« une fidélité si touchante, Sa Majesté s'est fait
« remettre les contrôles des compagnies de ses
« gardes-du-corps, de même que l'état de MM. les
« officiers-généraux, supérieurs et autres, ainsi

« que des sous-officiers et soldats qui l'ont suivie :
« leurs noms, conservés par M. le duc de Bor-
« deaux, demeureront inscrits dans les archives
« de la famille royale, pour attester à jamais
« et les malheurs du Roi, et les consolations
« qu'il a trouvées dans un dévouement si désin-
« téressé. »

CHARLES.

Le major-général, maréchal duc de RAGUSE.

Valognes, 15 août 1830.

Le 17 août, la mission des gardes-du-corps était accomplie; ils avaient rempli jusqu'au bout un pénible devoir. Toute la France avait admiré leur fidélité, leur dévouement, et il faut ajouter leur sagesse : aussi MM. les commissaires s'étaient empressés de le reconnaître par cet ordre du jour si honorable pour eux :

ORDRE DU JOUR.

« MM. les commissaires délégués pour accom-
« pagner le Roi CHARLES X et sa famille jusqu'à

« Cherbourg, éprouvent le besoin, au moment où
« leur mission vient de se terminer, de rendre
« témoignage de la conduite loyale et honorable
« que MM. les gardes-du-corps ont tenue dans
« cette grave circonstance. Appelés à remplir un
« devoir d'honneur et de fidélité, ils ont su par-
« faitement concilier les exigences de ce devoir
« avec le respect dû au gouvernement établi.
« MM. les commissaires se plaisent à déclarer que
« c'est à ce sentiment de réserve et de convenance
« qu'ils doivent en grande partie d'avoir heureuse-
« ment accompli une mission dont l'issue impor-
« tait tant à l'honneur de la France.

« Fait à Saint-Lô, le 18 août 1830. »

Signé, le maréchal marquis MAISON,
DE SCHONEN, ODILLON-BARROT.

Une ordonnance supprimait la garde royale et
les gardes-du-corps; on nous apprit que ceux-ci
seraient licenciés à Saint-Lô, où nous arrivâmes
le 18.

4

Le prince de Polignac, arrêté à Granville, venait d'être amené dans cette ville, où il était détenu dans la prison publique. Le souvenir des incendies qu'on avait calomnieusement attribués à cet ex-ministre, avait exaspéré la population. Notre arrivée ne calma pas ces sentimens; cependant on fut généralement bien reçu, et l'hospitalité la plus cordiale et la plus affectueuse fit trouver une famille à chacun de nous. Faisant abstraction de position et d'opinions, chaque habitant traita son hôte comme un ami, comme un fils après une longue absence; nous étions bien touchés de cet accueil si généreux, mais nous avions une autre famille, des parens impatiens de nous revoir, et nous hâtions de nos vœux le moment du départ.

Il restait aux gardes-du-corps à donner l'exemple de leur soumission aux lois, du courage et de l'humanité du citoyen; leur noble attitude dans le licenciement, et leur conduite dans un incendie qui menaça de ruiner tout un quartier de Saint-Lô, leur en fournit l'occasion.

Le 22 août, à neuf heures du soir, le feu éclata dans un quartier éloigné ; six cents gardes-du-corps et leurs officiers se précipitent sur les lieux ; pendant deux heures on les vit rivaliser avec les plus audacieux, parmi les habitans et les militaires du 12ᵉ régiment. Dix gardes sont blessés par la chute des poutres et des toits enflammés ; enfin on arrête l'incendie, et trois maisons seulement ont été la proie des flammes.

A l'appel du lendemain, portant tous sur leurs vêtemens les traces de leurs travaux de la nuit, une souscription est proposée spontanément en faveur des incendiés ; on recueille 2,070 fr. ; tous donnent pour plusieurs : c'était le denier de la veuve... ; mais un cœur généreux ne calcule pas.

Cette conduite ajouta encore à l'estime des habitans de Saint-Lô ; et les autorités s'empressèrent de le témoigner par l'ordre du jour suivant :

« Hier soir à neuf heures, un incendie s'est
« manifesté d'une manière effrayante, dans la
« rue du Pré-de-Haut, proche le carrefour de
« Ménil-Crocq. On avait à craindre que le quar-
« tier fût entièrement embrasé ; mais heureuse-
« ment des secours arrivèrent de toutes parts : les
« citoyens, MM. les gardes-du-corps et la troupe
« de ligne rivalisèrent de zèle et de dévouement.

« A onze heures on était maître du feu.

« La ville avait déjà conçu une haute estime
« pour MM. les gardes-du-corps tous animés du
« meilleur esprit ; mais elle a remarqué, avec
« admiration, le zèle qu'ils ont montré dans la
« circonstance ; on les voyait, les uns porter les
« seaux, et les autres lutter avec intrépidité contre
« les flammes qui les entouraient. Beaucoup ont
« reçu des blessures graves.

« Les citoyens et la troupe de ligne ont mon-
« tré également le plus grand courage, et beau-
« coup d'hommes ont été blessés.

« La commission s'occupe de rassembler les
« faits, afin de consacrer dans le procès - verbal
« qui va être dressé, les principaux traits de cou-
« rage et de dévouement qui ont signalé les ci-
« toyens, MM. les gardes-du-corps et la troupe
« de ligne.

« A l'instant MM. les gardes-du-corps sont ve-
« nus offrir à la commission le résultat des sous-
« criptions qu'ils ont ouvertes pour le soulage-
« ment des incendiés.

« La compagnie de Croï a offert une somme
« de. . . . . 5oo fr. » c.
« La compagnie Grammont. . 46o   2o
« La compagnie de Noailles. . 61o   »
« La compagnie de Luxembourg, 5oo   »

Total . . . . . 2o7o fr. 2o c.

« Des souscriptions se font également de tous
« côtés, et un registre est ouvert à la mairie, où
« tous les citoyens sont invités à se faire inscrire.

« Fait et arrêté en séance, cejourd'hui 23 août
« 1830. »

Les membres de la commission municipale :
Clément, *maire;* Vialatte, G. Follin,
Vaultier, M. Vengeon, Caillemer.

Enfin, nous nous fîmes les derniers adieux. Ils
sont bien pénibles ces instans qui brisent les liens
d'une vieille fraternité militaire!.. La conscience
d'avoir noblement rempli sa tâche, l'espoir de
servir encore sa patrie, ou la tranquillité du toit
paternel, cela seul peut adoucir le souvenir de
cette séparation!

PARIS. — IMPRIM.-LIB. DE G.-A. DENTU,
rue du Colombier, n° 21.